奈良四季の花めぐり

文　道浦母都子
写真・案内　桑原英文

淡交社

奈良を愉しむ

奈良 四季の花めぐり

目次

春 5

片岡梅林の梅 6

春日大社の馬酔木と梅 8

山の辺の道の梅 10

広橋梅林の梅 12

法華寺の山茱萸 14

不退寺の連翹 15

東大寺の桜 16

法華寺の枝垂桜 18

郡山城跡の桜 19

長谷寺の桜 20

又兵衛桜 22

吉野千本桜 24

石舞台の桃 28

稲渕の姫辛夷 29

法華寺の雪柳 30

海龍王寺の雪柳 31

正暦寺の三葉躑躅 32

長谷寺の山吹 33

春日大社の藤 34

興福寺の藤 36

飛鳥川の藤 37

元興寺の紫蘭と波斯菊 38

エッセイ　蓮と睡蓮　──道浦母都子 40

夏 41

法華寺の杜若 42

磐之媛命陵の杜若 43

十輪院の杜若 44

不退寺の黄菖蒲 45

柳生花しょうぶ園の花菖蒲 46
般若寺のアイリス 48
大和民俗公園の菖蒲 49
長岳寺の杜若と躑躅 50
船宿寺の大手毬 52
稲渕の大手毬 53
長谷寺の牡丹 54
久米寺の紫陽花 56
室生寺の石楠花 58
喜光寺の蓮 60
本薬師寺跡の蓮と布袋葵 62
橘寺の芙蓉 64
當麻寺の百日紅と槿 66
浮見堂の百日紅 68
旧大乗院庭園の百日紅 69

エッセイ 光の萩
――道浦母都子 70

秋 71
秋篠寺の萩 72
薬師寺の萩 73
元興寺の萩と桔梗 74
白毫寺の萩 76
円成寺の萩 77
平城宮跡の薄と萩 78
般若寺の紫苑と秋桜 80
斑鳩の薄と秋桜 82
藤原宮跡の秋桜 84
エッセイ 水仙の湖
――道浦母都子 86

冬 87
唐招提寺の椿 88
巨勢寺塔跡の椿 90
聖林寺の椿 91
長谷寺の冬牡丹 92
當麻寺の蠟梅 94
大野寺の蠟梅 95
般若寺の水仙 96

花の撮影記 98
花別一覧 100
地域別一覧 104
桜と紅葉の名所 106
奈良の世界遺産・
奈良県内・国指定の名勝 107
エリア別MaP 108

本書に記載の情報は、二〇一六年二月時点のデータです。

各頁に記載した月は、撮影した月を示しています。

拝観料については平常時の大人料金を、交通については主な交通機関、所要時間についてはおおよその時間を記載しています。

なお、拝観時間・拝観料等は特別拝観等の際には、変更となる場合があります。

また、年によって開花時期が変動する場合がありますので、事前にご確認ください。

装訂　株式会社ザイン（大西和重・大西未生）
地図製作　株式会社ひでみ企画

春

倭建命《やまとたけるのみこと》は遠くから
故郷の奈良を想い、
歌を詠みました。

大和は国のまほろば
たたなづく青垣山ごもれる
大和しうるはし

奈良はうるわしいまほろばの地。
春はそう実感できます。

明日香村の春

奈良市

片岡梅林の梅《かたおかばいりんのうめ》

梅の薫りをいちばん
よろこんでいるのは、
鹿かも知れません。
公園に、春がきました。

春日大社一の鳥居から参道を進むと南側に円窓亭（写真上）が見えてくる。円窓亭は鎌倉時代の春日大社経蔵を改造・移築したもの。その周辺には二五〇〇本ほどの梅林があり、このあたりの地名から片岡梅林と呼ばれている。

Data

■住所：奈良市高畑町　■電話：0742（22）3900（奈良市観光センター）　■交通：近鉄奈良駅よりバス「春日大社表参道」下車、すぐ　■Map：P108

円窓亭から坂を下ると浮見堂（68頁）、鷺池へといたる。周辺は桜の名所でもあるので、梅の時期が終わっても散策する人たちが絶えない。

奈良市

春日大社の馬酔木と梅《かすがたいしゃのあしびとうめ》

きびしい奈良の冬も
もうおしまい。
そう実感させたのは、
ほのかに薫る風でした。

境内には石燈籠が約千七百基、釣燈籠（写真左）が一千余基ある。そのほとんどが寄進されたもので、庶民の信仰の深さが知れる。節分には境内全ての燈籠に灯がともり、幻想的な光景。節分万燈籠が終わるころ、梅もほころびはじめる。

Data

■住所：奈良市春日野町160　■電話：0742（22）7788　■参拝時間：6時〜18時（4月〜9月）、6時30分〜17時（10月〜3月）　■交通：近鉄奈良駅よりバス「春日大社本殿」下車、すぐ　■Map：P108

節分万燈籠（境内一円）
2月3日　18時頃〜20時30分（閉門予定）。17時30分頃から舞楽が奉納される。回廊内特別参拝500円。初穂料3000円以上で献燈可。

白梅のむこうに三輪山をのぞむ

3月 春

天理市

山の辺の道の梅《やまのべのみちのうめ》

まだはだ寒い春の日、
梅を見ながらひと休み。
この景色、
千年前と同じなのかも。
日本最古の幹線道路は、
日本一の散歩道でした。

『古事記』によると第十二代景行天皇は八十人もの御子がおり、一三七歳で崩御、身長は三メートルほどあったという豪傑。大和三山をのぞむ雄大な地にある景行天皇陵は、周辺に点在する古墳のなかでも最大級で、いかにも豪傑にふさわしい。

天理市渋谷町　景行天皇陵付近の白梅

Data

■住所：天理市渋谷町（景行天皇陵付近）　■交通：近鉄天理駅よりバス「渋谷」下車、南へ徒歩5分　■Map：P111

三輪山のふもとから石上を通り奈良へと通じる道が山の辺の道。『古事記』にもその名があらわれる。今も万葉の雰囲気を残し、道すがら史跡も多い。

下市町

広橋梅林の梅《ひろはしばいりんのうめ》

たたなづく山々に、
峠にそって梅の花。
のどか、なごやか。
これぞ春の休日、だな。

広橋梅林は月ヶ瀬、賀名生《あのう》とならぶ奈良県三大梅林のひとつ。広橋峠の北側斜面に約五千本の梅が植栽されている。金剛山、葛城山、大和平野を見渡す眺望もすばらしい。散策道が整備されており、気軽にハイキングを楽しむことができる。

Data

■住所：吉野郡下市町広橋　■電話：0747(52)0001(下市町役場建設産業課)　■交通：近鉄下市口駅よりバス「大杉」または「乳屋辻」下車、すぐ　■Map：P111

毎年3月中旬の日曜日には「梅の里山祭」が開催され、スタンプラリーや地元特産物の青空市、梅の種飛ばし大会などさまざまなイベントが行われる。

雪の色を奪ひて咲ける
梅の花
今盛りなり見む人もがも
『万葉集』巻五　大伴旅人

奈良市

法華寺の山茱萸《ほっけじのさんしゅゆ》

格式の高い門跡尼寺。でも境内の雰囲気はやさしくておだやか。折々花も絶えません。

光明皇后が総国分尼寺として藤原不比等《ふひと》の住居跡に建立。平城宮の東にあるしずかな門跡寺院である。法華滅罪之寺と称し、大和三門跡のひとつ。庭園は江戸時代初期につくられたといわれ、国の名勝に指定されている。

Data

■住所：奈良市法華寺町882　■電話：0742 (33) 2261　■拝観時間：9時～17時　■拝観料：本堂500円　■交通：近鉄奈良駅よりバス「法華寺前」下車、徒歩2分　■Map：P109

奈良市

不退寺の連翹《ふたいじのれんぎょう》

業平《なりひら》が暮らしたという境内は王朝風でみやび。ここでどれほどの歌が詠まれたのだろう。

本堂に安置されている聖観音菩薩立像は在原業平自身が刻んだとされ、業平寺とも呼ばれている。境内は王朝風の優美さにあふれ、近年整備がととのった池泉回遊式庭園や境内には、四季折々の花が絶えない。

Data

■住所：奈良市法蓮町517　■電話：0742（22）5278　■拝観時間：9時～17時　■拝観料：400円　■交通：近鉄奈良駅よりバス「一条高校前」下車、徒歩5分　■Map：P109

4月 春

奈良市

東大寺の桜《とうだいじのさくら》

さすがに
圧倒的なスケール感。
桜が加わると、
迫力もぐんと増すようです。

聖武天皇が大仏建立の勅願を発し、その大仏を安置する寺として造立された。大仏殿の完成後、次々と堂塔が建築されて寺観が整う。興福寺とともに栄華を誇るが平安期末と戦国時代、戦乱により多くの建物が焼失した。しかし江戸時代に再興されて現在は多くの観光客でにぎわう。

Data

■住所：奈良市雑司町406-1　■電話：0742（22）5511　■拝観時間：境内自由　大仏殿・法華堂・戒壇院7時30分～17時30分（4月～9月）、8時～17時（3月）、7時30分～17時（10月）、8時～16時30分（11月～2月）■拝観料：大仏殿・法華堂・戒壇院各500円　■交通：近鉄奈良駅よりバス「大仏殿春日大社前」下車、北東へ徒歩5分　■Map：P108

奈良市

法華寺の桜《ほっけじのさくら》

法華寺のことを、
地元の方たちは
御殿と
呼びならわしています。
なるほど、御殿の桜です。

法華寺の境内には「華楽園」という花園があり、桜のころともなれば園内は花でうまる。聞こえるのは野鳥たちの声くらいで、しずかに花を愉しめる。

Data

■住所：奈良市法華寺町882 ■電話：0742 (33) 2261 ■拝観時間：9時～17時 ■拝観料：本堂500円 ■交通：近鉄奈良駅よりバス「法華寺前」下車、徒歩2分 ■Map：P109

奈良市

郡山城跡の桜《こおりやまじょうせきのさくら》

桜吹雪のなかを通学。
贅沢なことなんだと
気づくのは、
卒業してからだろうな。

豊臣秀長が入城の際に桜を植樹。享保九年に入城した柳澤吉里がさらに桜を増やし、御殿桜と呼ばれるようになる。明治に柳澤神社が建立された際にも桜が植えられ、その後さらに三千本の桜が加わり、奈良有数の桜の名所となった。城内には県立高校がある。

Data

■住所：大和郡山市城内町　■交通：近鉄大和郡山駅より徒歩5分　■Map：P110
（※平成25年10月21日～平成29年3月末まで石垣修復のため天守台周辺は立入禁止）

4月

桜井市

長谷寺の桜《はせでらのさくら》

詣でたなら、
どうしても
書かずにはいられない。
花の御寺は
作家にそう思わせ続け、
千年以上たちました。

紀貫之の有名な歌「人はいさ心も知らずふるさとは花ぞ昔の香ににほひける」の「ふるさと」とは、長谷寺の初瀬のこと。平安期には貴族たちが盛んに初瀬に詣でた。『源氏物語』の舞台となり『枕草子』などにも描かれている花の御寺である。

Data

■住所：桜井市初瀬731-1　■電話：0744（47）7001　■拝観時間：9時～16時30分（10月～3月）、8時30分～17時（4月～9月）　■拝観料：500円　■交通：近鉄長谷寺駅より北へ徒歩20分　■Map：P111

舞台造の本堂は徳川家光の寄進により再建された。ご本尊は木造の仏像としては日本最大の十一面観音像。そのほか、約千点にも及ぶ文化財を所蔵する。

宇陀市

又兵衛桜《またべえざくら》

かなしいわけじゃない。
けれど、涙がでてくる。
この桜、
そんな力をもっています。

戦国武将の後藤又兵衛は大坂夏の陣で討ち死にしたとされているが、じつは落ちのびて僧侶となって一生を終えたという伝説が残っている。この桜はその又兵衛の子孫とされる後藤家の屋敷跡にあることからこの名がついている。

Data

■住所：宇陀市大宇陀本郷　■電話：0745（82）2457（宇陀市観光協会）　■交通：近鉄榛原駅よりバス「大宇陀」下車、徒歩20分／名阪国道天理ICより国道169号線南下、桜井経由50分／名阪国道針ICより国道369号線を南下、榛原経由50分　■Map：P111

吉野町

吉野 千本桜《せんぼんざくら》

誰もがみとめる
日本一なんて、
そうあるものでは
ありません。

あるときは騒乱の歴史の舞台となり、あるときは秀歌がうまれた吉野。壮大な山桜のうつくしさはもとより、歴史や文学、芸能に与えた影響などを考えると、吉野以上の名所はないだろう。

Data

■住所：吉野郡吉野町吉野山　■電話：0746（32）1007（吉野山観光協会）　■交通：近鉄吉野駅よりロープウェイ「吉野山」下車徒歩50分（上千本）／名阪国道天理ICより南に90分／橿原市小房交差点より国道169号線を南下、吉野大橋経由40分（下千本駐車場）　※春は交通規制あり、吉野町役場観光交流課0746（32）3081まで要問合せ　■Map：P111

上千本の夕暮れ

4月
春

よき人のよしとよく見てよしと言ひし
吉野よく見よよき人よく見つ

『万葉集』巻一　天武天皇

下千本の夜

明日香村

石舞台の桃《いしぶたいのもも》

はるか飛鳥の時代から、
このあたりそこここに
桃が咲いていたらしい。
まるで桃源郷のように。

七世紀のはじめごろの古墳と推定され、巨大な石室が露出している。むかし狐が女性に化けて石の上で舞を見せたり、旅芸人がここを舞台としたりしたという話も残る。埋葬された人物は不明だが、蘇《そ》我馬子《がのうまこ》の可能性が高いといわれる。

Data

■住所：高市郡明日香村島庄　■電話：0744（54）4577（明日香村地域振興公社）　■拝観時間：8時30分～17時（受付16時45分まで）　■拝観料：250円　■交通：近鉄橿原神宮前駅より奈良交通バス「石舞台」下車、東へ徒歩3分　■Map：P111

明日香村

稲渕の姫辛夷《いなぶちのひめこぶし》

原風景として
心に思い描く場所は
人それぞれ。
倭建命《やまとたけるのみこと》はここでした。

明日香は花の里。中心を流れる飛鳥川に沿った史跡や寺院に四季折々の花が咲き、万葉の植物が道をいろどる。少し足をのばせば棚田がひろがるのどかな風景が目に入る。まさに日本の原風景といってもいい光景が残されている。

Data

■住所：高市郡明日香村稲渕　■交通：近鉄橿原神宮前駅より赤カメバス「石舞台」下車、金カメバスに乗換、「稲渕」下車、徒歩10分／名阪国道天理ICより国道169号線を南下、40分／橿原市国道169号線小房交差点を南下、近鉄岡駅前経由20分　■Map：P111

奈良市

法華寺の雪柳《ほっけじのゆきやなぎ》

法華寺では、
朝いちばんに
花を摘み
仏さまにお供えします。
「お摘み花」
と呼ばれます。

法華寺を建立された光明皇后が、宮中の女官に草木をいけることを奨めたのが発祥とされる法華寺御流《ごりゅう》。花の寺は千二百年以上続く華道の中心でもある。

Data

■住所：奈良市法華寺町882　■電話：0742(33) 2261　■拝観時間：9時～17時　■拝観料：本堂500円　■交通：近鉄奈良駅よりバス「法華寺前」下車、徒歩2分　■Map：P109

奈良市

海龍王寺の雪柳《かいりゅうおうじのゆきやなぎ》

春のただなかなのに、
境内すべてが雪化粧。
ふわりとした雪は
ほのかに薫ります。

平城宮の鬼門を護るため光明皇后が創建。法華寺とは隣接している。初代住持の玄昉《げんぼう》は遣唐使として唐に渡り、嵐のなか無事帰国。持ち帰った経典を弘法大師が写経している。折々に花が咲くが、雪柳はとくにみごとで、大和一といわれる。

Data

■住所：奈良市法華寺北町897　■電話：0742（33）5765
■拝観時間：9時～16時30分（8月12日～17日、12月24日～31日は閉門）　■拝観料：400円　■交通：近鉄奈良駅よりバス「法華寺前」下車、徒歩1分　■Map：P109

奈良市

正暦寺の三葉躑躅《しょうりゃくじのみつばつつじ》

芽吹いた若葉に
色を添える躑躅。
紅葉の名所ですから、
新緑もすごいんです。

一条天皇の発願により創建。かつては伽藍《がらん》が並び建つ大寺だったが、今は本堂、鐘楼、福寿院を残すのみ。菩提仙《ぼだいせん》川の渓流に沿って苔むした石垣と楓の並木が続いている。秋は「錦の里」と呼ばれ、紅葉の名所として知られている。

Data

■住所：奈良市菩提山町157　■電話：0742（62）9569　■拝観時間：9時～17時（12月～2月は9時～16時）　■拝観料：境内自由　福寿院客殿500円　■交通：紅葉の時季のみ奈良駅より臨時バス有　■Map：P109

桜井市

長谷寺の山吹

はせでらのやまぶき

花の御寺の
花暦を
手帳に写してみた。
とてもハードな
スケジュールに
なってしまった。

多くの参拝客でにぎわう桜の時期が終わると、ほどなく牡丹が見ごろとなる。山吹は牡丹よりひと足早く花開き、花暦のうつくしい架け橋となる。

Data

■住所：桜井市初瀬731-1　■電話：0744（47）7001　■拝観時間：9時～16時30分（10月～3月）、8時30分～17時（4月～9月）　■拝観料：500円　■交通：近鉄長谷寺駅より北へ徒歩20分　■Map：P111

奈良市

春日大社の藤《かすがたいしゃのふじ》

お社のご紋は下り藤。
花の盛りには、
境内一面お山一面に
下る藤が
ゆらりゆらりと
風にゆれます。

有名な「砂ずりの藤」の樹齢はおよそ八百年。鎌倉時代の絵巻・『春日権現験記』にも記されている。神苑や春日奥山原始林など、あたり一面が藤色に染まる。

Data

■住所：奈良市春日野町160　■電話：0742（22）7788　■参拝時間：6時～18時（4月～9月）、6時30分～17時（10月～3月）　■交通：近鉄奈良駅よりバス「春日大社本殿」下車、すぐ　■Map：P108

神苑の万葉植物園には「藤の園」があり、目の高さから鑑賞できる。　万葉植物園　■拝観時間9時～17時（入園は16時30分まで、12月～2月は9時～16時30分）　■拝観料500円

藤波の花は盛りになりにけり
平城《なら》の京《みやこ》を思ほすや君
『万葉集』巻三　大伴四綱

奈良市

興福寺の藤《こうふくじなんえんどうのふじ》

風にたゆたう藤の花。
日本人は
それを波にたとえ、
ふじなみと
うつくしく呼びます。

藤原氏の氏寺として一族の隆盛とともに寺勢を拡大し、最盛時にはより多くの堂塔や僧坊が建ち並ぶ大寺院だった。ちなみに藤原氏の家紋は下り藤。春日大社や宇治の平等院など、藤原氏ゆかりの社寺には藤の名所が多いようだ。

Data

■住所：奈良市登大路町48　■電話：0742（22）7755　■参拝時間：境内自由　国宝館・東金堂9時～17時　■拝観料：境内自由　国宝館600円・東金堂300円　■交通：近鉄奈良駅より東へ徒歩3分　■Map：P108

明日香村

飛鳥川の藤
あすかがわのふじ

そよそよ、そよそよ。
さらさら、さらさら。
風の音やせせらぎが
耳に心地よく
聞こえてくると、
春は夏に変わります。

藤棚で管理されている藤とは違い、自生する藤には野生の迫力がある。万葉のいにしえ人が見たのもこのような藤だったのだろう。ただ野生の藤は気まぐれで、満開の時期が短く数日で散ることもある。うまく行き当たれば幸運だ。

Data

■住所：高市郡明日香村稲渕　■交通：近鉄橿原神宮前駅より赤カメバス「石舞台」下車、金カメバスに乗換、「稲渕」下車、徒歩10分／名阪国道天理ICより国道169号線を南下、40分／橿原市国道169号線小房交差点を南下、近鉄岡駅前経由20分　■Map：P111

奈良市

元興寺の紫蘭と波斯菊《がんごうじのしらんとはるしゃぎく》

寄り添い咲く花のそば。
いつのまにか、
ささやき声で
話していました。

かつては南都七大寺のひとつで、現在の奈良市街の南東部を占める広大な寺域に、伽藍《がらん》が建ち並んでいた。鎌倉時代以降庶民の信仰を集め、境内から無数の石仏が発見されている。それら石仏は境内に並べて安置され、浮図田《ふとでん》と呼ばれる。

Data

■住所：奈良市中院町11　■電話：0742（23）1377　■拝観時間：9時～17時（入山は16時30分まで）　■拝観料：500円　■交通：近鉄奈良駅より南東へ徒歩12分　■Map：P108

寺の周辺は奈良町と呼ばれ、町家が並ぶおちついた地域。いにしえはあたり一体が寺域だった。国宝指定の伽藍も多く、世界遺産に認定されている。

蓮と睡蓮

歌人　道浦母都子

亡くなった父は睡蓮が好きだった。何度か引っ越しをしたが、その度に、父は自ら池を掘り、水を張って、睡蓮の鉢を置いた。ハート型の葉の間に、水面すれすれに白い花を咲かす睡蓮。度々見ているうちに私も好きになった。花は白だけでなく、淡い紅色のものもあり、咲くのは午後。睡蓮の名は、そこに由来する。そうしたことも知るようになった。

今、私の住む家は、両親が生前、住んでいた家で、二坪ほどの広さの池がある。これは、庭師さんが造った池で、かつては、睡蓮が咲き、錦鯉が泳いでいたが、今は、すっかり様変りしてしまい、ただの枯池になってしまった。もちろん、住人の私の怠慢のせいで、父母に申し訳なく思っている。

「蓮が夢のように戦《そよ》いでいるお寺があるんですって」。友人の電話に即、奈良・菅原町の喜光寺を訪れた。喜光寺の蓮は水の中ではなく、鉢植えの蓮が、胸の高さに風のように揺れていた。あれは現実だったのだろうか。夢だったのか。もう一度、この目で確かめてみたい。

夏

夏といえば、持統天皇のこの歌。

春過ぎて夏来にけらし白妙《しろたえ》の
衣ほすてふ天の香具山

青空にひるがえる白い衣。
さわやかな夏の日が浮かびます。
でも実際はとても蒸し暑い
奈良の夏なのでした。

明日香村、初夏の棚田

奈良市

法華寺の杜若《ほっけじのかきつばた》

やんごとなき雰囲気が
お庭にもただよいます。
奈良有数の名園なのに
さりげなくて、
上品。
エレガントって
こういうことなのかな。

さほど大きくはないが手入れが行き届いた清楚な庭園で、国の名勝に指定されている。杜若が花開くころには多くの人が訪れる。

Data

■住所：奈良市法華寺町882　■電話：0742 (33) 2261　■拝観時間：9時～17時　■拝観料：本堂500円　■交通：近鉄奈良駅よりバス「法華寺前」下車、徒歩2分　■Map：P109

奈良市

磐之媛命陵《いわのひめのみことのみささぎ》の杜若《かきつばた》

杜若の花言葉は
「幸せがやってくる」。
やきもち焼きの皇妃の
願いかも知れません。

二重のお壕にかこまれた前方後円墳で、五世紀ころのものとされる。磐之媛は仁徳天皇の皇后で、天皇が他の女性に心を動かすたびに嫉妬に悩まされたという。夫を慕う皇后のせつない心を切々と詠んだ歌が、『万葉集』に収められている。

Data

■住所：奈良市佐紀町882
■交通：近鉄奈良駅よりバス「航空自衛隊前」下車、徒歩6分
■Map：P109

奈良市

十輪院の杜若《じゅうりんいんのかきつばた》

ブルーノ・タウト曰く、
奈良に来たなら
ここを訪れるべし。
さすが、お目が高い。

閑静な奈良町の中心に位置している。戦前、日本を訪れていたドイツの建築家ブルーノ・タウトも十輪院にお参りし、その簡素な美を絶賛している。本堂には石造の仏龕《ぶつがん》があり、内部に地蔵菩薩立像、釈迦如来立像などが浮彫りにされている。

Data

■住所：奈良市十輪院町27　■電話：0742(26)6635　■拝観時間：9時～16時30分　■拝観料：400円　■交通：近鉄奈良駅よりバス「福智院町」下車、徒歩3分　■Map：P108

奈良市

不退寺の黄菖蒲《ふたいじのきしょうぶ》

唐衣《からころも》
着つつなれにし
妻しあれば
はるばる来ぬる
旅をしぞ思ふ

業平の歌の
頭の文字を並べると
「かきつはた」。

業平には花や紅葉を詠んだ歌が多いが、『伊勢物語』で東下りの際、沢に咲く杜若を見て詠んだとされるのが「唐衣～」の歌。黄菖蒲の横で杜若も咲く。

Data

■住所：奈良市法蓮町517　■電話：0742（22）5278　■拝観時間：9時～17時　■拝観料：400円　■交通：近鉄奈良駅よりバス「一条高校前」下車、徒歩5分　■Map：P109

奈良市

柳生花しょうぶ園の花菖蒲《やぎゅうはなしょうぶえんのはなしょうぶ》

幾本もの小太刀《こだち》が
天に向かって輝く。
これほどこの里に
似つかわしい花を
ほかに知りません。

柳生十兵衛は徳川家光の勘気をうけ、故郷の柳生の里で蟄居《ちっきょ》していた。十兵衛が暮らした陣屋敷は遺構として整備され、柳生陣屋跡として公開されている。その陣屋跡近くにある花しょうぶ園からは、遠くに剣道の正木坂道場を望むことができる。

Data

■住所：奈良市柳生町403　■電話：0742（94）0002（奈良市柳生観光協会）　■開園時間：9時～17時　※開園期間（5月下旬から7月上旬）は年によって異なる　■入園料：650円　■交通：近鉄奈良駅より奈良交通バス「柳生」下車、徒歩10分／西名阪針ICより国道369号線を北上、30分　■Map：P108

広大な園地では80万株もの花菖蒲が栽培されている。見ごろは6月～7月上旬。開園期間は年によって異なるので、事前確認が必要。

奈良市

般若寺のアイリス《はんにゃじのあいりす》

咲き誇る山吹の陰で
ひっそりと咲きます。
仏さまにお供えした
お花に見えてきます。

聖武天皇の御世、平城京の鬼門鎮護のため堂塔が造営された。鎌倉期の優美な様式をもつ楼門が残る。楼門の奥正面に立つ十三重石塔のほか石仏も多く、その周囲は春の山吹、秋の秋桜などにいろどられ、花の寺として知られる。

Data

■住所：奈良市般若寺町221　■電話：0742(22)6287　■拝観時間：9時～17時　■拝観料：500円　■交通：近鉄奈良駅よりバス「般若寺」下車、徒歩3分　■Map：P109

大和郡山市

大和民俗公園の菖蒲《やまとみんぞくこうえんのしょうぶ》

チューリップに風車。
菖蒲に水車。
花のある風景にも、
出会い物があるようで。

奈良県各地の民家を園内に移築展示した広大な大和民俗公園。復原された民家の内部にも自由に入ることができる。しょうぶ園のほかにも梅林などがあり、森林浴なども楽しめる。園内の県立民俗博物館は民俗文化財を収蔵している。

Data

■住所：大和郡山市矢田町545　■電話：0743 (53) 3171　■入園随時・無料　■交通：近鉄郡山駅よりバス「矢田東山」下車、北へ徒歩10分　■Map：P110

6月

天理市

長岳寺の杜若と躑躅《ちょうがくじのかきつばたとつつじ》

うつくしさに
ため息しかでない。
一年に一度だけでも
そんな景色に
出会えたなら。

弘法大師が開いたと伝わる名《めい》刹《さつ》で、広大な境内は春の躑躅や秋の紅葉など折々にうつくしいたたずまいをみせる。とくに参道から続く平戸躑躅は圧巻で、本堂前の池に咲く杜若とともに、参拝する人を感嘆させずにはおかない。

Data

■住所：天理市柳本町508　■電話：0743（66）1051　■拝観時間：9時～17時　■拝観料：350円　■交通：JR柳本駅より東へ徒歩20分

■Map：P111

御所市

船宿寺の大手毬《せんしゅくじのおおでまり》

誰もが感嘆する
参道のつつじ、
壮観です。
さすがつつじ寺。
そのころ花開く
大手毬も、この迫力。
さすが花の寺。

参道から境内まで、みごとな躑躅におおわれ、つつじ寺とも呼ばれている。大手毬のほか、石楠花《しゃくなげ》や牡丹など、境内を折々の花がいろどる花の寺でもある。

Data

■住所：御所市五百家484　■電話：0745(66)0036　■拝観時間：8時～17時　■拝観料：300円　■交通：近鉄御所駅からバス「船路」下車、徒歩10分　■Map：P110

明日香村

稲渕《いなぶち》の大手毬《おおでまり》

春過ぎて
夏来にけらし。
青空に
白妙の花が映えます。

よく知られた古墳や遺跡などが目白押しだが、徒歩だとくまなく巡るのは大変なので、レンタサイクルが便利。初夏にかけて田植えが終わった棚田や道々に咲く花々を見ながらのんびり古代を偲ぶのが明日香の旅の醍醐味だろう。

Data

■住所：高市郡明日香村稲渕　■交通：近鉄橿原神宮前駅より赤カメバス「石舞台」下車、金カメバスに乗換、「稲渕」下車、徒歩10分／名阪国道天理ICより国道169号線を南下、40分／橿原市国道169号線小房交差点を南下、近鉄岡駅前経由20分　■Map：P111

5月

桜井市

長谷寺の牡丹《はせでらのぼたん》

参詣した辛口批評家の清少納言、

「蓑虫《みのむし》などのやうなる者ども集まりて……」

と、いいたい放題。

どうやらとても混雑していたようですね。


仁王門をくぐると登廊が延々と続き、両側には一面の牡丹が花開く。千年以上前から栽培されていたとされ、紫式部や清少納言が目にした同じ光景を見ているのかも知れない。

Data

■住所：桜井市初瀬731-1　■電話：0744（47）7001　■拝観時間：9時～16時30分（10月～3月）、8時30分～17時（4月～9月）　■拝観料：500円　■交通：近鉄長谷寺駅より北へ徒歩20分　■Map：P111

『枕草子』に清少納言が登廊の石段を登るエピソードが記されている。当時も大変な参拝者数だったようだが、今も牡丹のころは大変にぎわう。

久米寺の紫陽花《くめでらのあじさい》

美脚に見ほれた
久米の仙人。
この紫陽花にも
見ほれたことでしょう。

近鉄橿原《かしはら》神宮前駅の西側にある。聖徳太子の弟・来目《くめ》皇子の創建と伝わる古寺。また久米の仙人は百数十年にわたって久米寺に住み、仙術をつかって東大寺大仏殿造立に協力したり、空を飛びまわったりしていたという。

Data

■住所：橿原市久米町502　■電話：0744（27）2470　■拝観時間：9時～17時（受付は16時30分まで）　■拝観料：境内自由　本堂400円　■交通：近鉄橿原神宮前駅より西へ徒歩6分　■Map：P111

境内には京都の仁和寺から移建された多宝塔（写真上）や、本尊の薬師如来坐像、久米仙人像などがあり、弘法大師ゆかりの寺でもある。

紫陽花の
八重咲くごとく
八つ代にを
いませ我が背子
見つつ偲はむ

『万葉集』巻二〇　橘諸兄

宇陀市

室生寺の石楠花《むろうじのしゃくなげ》

石楠花は厳《おごそ》かな山の精、深山にひそむ高嶺の花。ここでそれを実感することができるのでした。

女人禁制の高野山に対し、室生寺は女人の参詣を許可したので女人高野と呼ばれた。両脇を石楠花が囲む鎧坂《よろいざか》の下に立つと柿葺《こけらぶき》屋根の金堂（写真上）が見える。内部には本尊の釈迦如来立像などが安置され、ほかにも優れた貞観仏が伝わる。

Data

■住所：宇陀市室生78　■電話：0745（93）2003　■拝観時間：8時30分～17時（4月1日～11月30日）9時～16時（12月1日～3月31日）　■拝観料：600円　■交通：近鉄室生口大野駅よりバス「室生寺前」下車、徒歩5分　■Map：P111

高さ十六メートルの五重塔（写真左）は周囲の環境に合った程よい大きさだ。金堂、本堂、そしてこの五重塔周辺に石楠花が多い。

奈良市

喜光寺の蓮《きこうじのはす》

「ぽん」と花開く音が
聞こえるかも知れない。
そう思って
朝早く来てみました。

東大寺大仏殿の勧進を行った行基菩薩が創建し、当時は広大な寺域があった。また、大仏殿を建立する際は当寺の本堂を参考にしたといわれ、本堂は「試みの大仏殿」とも呼ばれている。行基菩薩の入《にゅう》寂《じゃく》の地である。

Data

■住所：奈良市菅原町508　■電話：0742（45）4630　■拝観時間：9時～16時30分（7月中の土日は7時～16時30分）　■拝観料：500円　■交通：近鉄尼ケ辻駅から北西へ徒歩12分　■Map：P109

境内には品種の異なる蓮が数多くあるので、その種類により開花の時期が異なる。夏の間に次々と咲く色とりどりの蓮を愉しめる。

7月　夏

ひさかたの雨も降らぬか
蓮葉に
溜まれる水の玉に似たる見む
『万葉集』巻十六

橿原市

本薬師寺跡の蓮と布袋葵《もとやくしじあとのはすとほてあおい》

蓮も布袋葵も早起き。
あけぼのに開きます。
日中は水面に浮かび、
プカプカ、シエスタ。

奈良の西ノ京にある薬師寺の前身にあたる寺。平城京遷都に際し、伽藍《がらん》が西ノ京へ移築されたといわれていたが、現在は別々に造られたという説が有力。以来、本薬師寺と呼ばれる。遠くに畝傍山《うねびやま》をのぞむその光景は、今も変わることはない。

Data

■住所：橿原市城殿町　■電話：0744(21)1115（橿原市総合政策部観光政策課）　■交通：近鉄畝傍御陵前駅から東へ徒歩９分　■Map：P111

今は小さなお堂が建っているだけだ。しかし跡地には金堂の礎石、東西両塔の基壇、塔の心礎などが残されており、夏には供花のように周りを埋め尽くす。

10月 夏

明日香村

橘寺の芙蓉

たちばなでらのふよう

明日香村の中心部、聖徳太子誕生の地に、太子自身が創建した古刹。写真の本堂は太子殿で、各地に残る太子像としては最も古いものとされる聖徳太子三十五歳の像が本尊として安置されている。現在は芙蓉の名所としても知られている。

美人のたとえ、芙蓉。
朝開いた花も
夕方にはしおれます。
美人も花も薄命です。

Data

■住所：高市郡明日香村橘532 ■電話：0744（54）2026 ■拝観時間：9時～17時 ■拝観料：350円 ■交通：近鉄橿原神宮前駅または飛鳥駅より奈良交通飛鳥行赤カメバスで「川原」または「岡本橋」下車、徒歩3分 ■Map：P111

境内の数多い芙蓉の中には酔芙蓉という花もある。午前中は白、午後にかけて薄紅になり、夕方には紅色と、一日の中で色が変化していく。

葛城市

當麻寺の百日紅と槿《たいまでらのさるすべりとむくげ》

夏の盛りの静かな境内。
酷暑の中、
汗みずくで
お参りした人だけ知る、
うつくしさがあります。

折々の花が境内をいろどる花の寺として知られている。とくに春の石楠花《しゃくなげ》や牡丹、秋の紅葉はみごとで、大勢の人でにぎわう。ゆっくり拝観するなら参拝客が少なくなる盛夏がいいかも知れない。

Data

■住所：葛城市當麻1263　■電話：0745（48）2202　■拝観時間：境内自由　本堂・金堂・講堂9時〜17時　■拝観料：本堂・金堂・講堂共通で500円　各塔頭の庭園拝観300円〜500円　■交通：近鉄當麻寺駅より西へ徒歩15分　■Map：P110

聖徳太子の弟である麻呂子親王が創建。奈良と大阪の境にある二上山のふもとにあり、天平時代の塔、白鳳時代の梵鐘などいにしえの趣を今も残す。

9月　夏

奈良市

浮見堂の百日紅

うきみどうのさるすべり

蟬の声しか聞こえない、
時間が止まる夏の午後。
池のまわりの百日紅も
じっと息をひそめます。

鷺池に浮かぶ檜皮葺《ひわだぶき》八角堂形式のお堂。水面に写る姿がうつくしく、地元の人たちの憩いの場となっている。周辺はのんびりとしていて、鹿の姿もよく見かけるが、夏の盛りには暑さのあまり木陰でじっとしていることが多い。

Data

■住所：奈良市春日野町　■電話：0742(22)0375(奈良公園事務所)　■交通：近鉄奈良駅よりバス「春日大社表参道」下車、南へ徒歩5分　■Map：P108

9月　夏

奈良市

旧大乗院庭園の《きゅうだいじょういんていえんの》百日紅《さるすべり》

大木の花が散り初め、
ひぐらしの声が。
今年の夏が、
過ぎていきます。

十五世紀の半ば、京都の銀閣寺を手がけた善阿弥とその子が作庭した庭園。当時の敷地の一部が現在の奈良ホテルである。平成二十三年より一般に公開されている。周辺は元興寺を中心とする奈良町、志賀直哉旧居がある高畑町など、歴史を感じさせる落ち着いた町並みが続く。

Data

■住所：奈良市高畑町1083-1　■電話：0742（24）0808
■拝観時間：9時～17時（月曜、土日を除く祝日の翌日、12月26日～1月5日休）　■拝観料：100円　■交通：近鉄奈良駅・JR奈良駅からバス「福智院」下車、徒歩1分　■Map：P108

光の萩

歌人　道浦母都子

私独り、自分勝手に「萩の歌人」と呼んでいた女性歌人がいる。短歌結社の先輩にあたり、すでに故人だが、彼女の萩のうたは、忘れられない。

夜の萩白くおもたきみづからの光守れり誰か死ぬらむ　河野愛子

河野愛子は一九二二年生れ、一九八九年に亡くなっている。若き日に胸を患っていたせいか、死を意識した作品が多い。先の萩のうたも、夜の萩を見ながら、この一瞬にも、誰かが、どこかで死んでいくのだといった諦観が感じとれる。さやさやと風に戦《そよ》ぐ萩は、さわやかな流れを空気の中に生み出すが、嵐の後など、地に伏した萩には、人が伏しているような寂しさや虚しさが伝わる気がする。

相思わぬ遠き一人の面影を秋篠寺の御仏に見つ　作者未詳

高校時代、新聞か何かで読んだ一首。私の記憶から消えない作だが、この作が出来たのは秋、萩の季節だと思っている。恥ずかしい限りだが、まだ伎芸天を知らない私は、伎芸天を見るため、いつか萩の季節に秋篠寺に行ってみたい。

秋

『万葉集』でいちばん多く詠まれている花が萩。

さを鹿の心相思ふ初萩の
しぐれの降るに散らくし惜しも

柿本人麻呂のこの歌のように、
鹿とあわせて詠まれているものも
たくさんあります。

萩と鹿、奈良ならではです。

明日香村に咲く曼珠沙華

奈良市

秋篠寺の萩

あきしのでらのはぎ

立秋を過ぎても
さやかに
見えなかった秋を、
やっと見つけました。

奈良時代末、光仁天皇の勅願によって建立。平安時代末に戦火で伽藍《がらん》の大部分を焼失、鎌倉時代に今の本堂が再興された。安置されている仏像の中で著名なのが伎芸天像で、写実的で優雅な仏像として親しまれている。

Data

■住所：奈良市秋篠町757　■電話：0742（45）4600　■拝観時間：9時30分～16時30分　■拝観料：500円　■交通：近鉄大和西大寺駅からバス「秋篠寺」下車、すぐ　■Map：P109

奈良市

薬師寺の萩

やくしじのはぎ

花のひとつひとつはとても小さな萩ですが、群れ咲くすがたは大伽藍《がらん》にも負けません。

薬師寺式伽藍配置と呼ばれる独特の伽藍構成だが、度々の火災で焼失し、創建時の姿を残すのは東塔のみ。しかし、金堂、西塔、中門、回廊、玄奘三蔵院、大講堂と、次々に復元造営がなされ、白鳳時代の復興を目指し再建が進められている。

Data

■住所：奈良市西ノ京町457　■電話：0742（33）6001　■拝観時間：8時30分～17時（入山受付16時30分まで）　■拝観料：玄奘三蔵院公開時は1100円（非公開時は800円　特別展開催時は別途）　■交通：近鉄西ノ京駅下車すぐ　■Map：P109

奈良市

元興寺の萩と桔梗《がんごうじのはぎとききょう》

この色の競演。
モネなら、マチスなら、
どう描いただろう。
なんて、思ってしまう。

山上憶良《やまのうえのおくら》が秋の七草を詠んだ歌が『万葉集』にある。「萩の花尾花葛花なでしこの花をみなへしまた藤袴朝顔の花」。やはり萩は、秋の花の代表で、歌のはじめに登場している。諸説はあるが、桔梗が「あさがお」とされている。

Data

■住所：奈良市中院町11　■電話：0742（23）1377　■拝観時間：9時～17時（入山は16時30分まで）　■拝観料：500円　■交通：近鉄奈良駅より南東へ徒歩12分　■Map：P108

本堂の極楽堂を取り囲むようなみごとな萩。浮図田（ふとでん）に咲く桔梗は早咲きのものもあり、萩と桔梗を同時に見ることができるかはその年による。

春日野に咲きたる萩は片枝は
いまだふふめり言《いひ》な絶えそね
『万葉集』巻七

奈良市

白毫寺の萩《びゃくごうじのはぎ》

萩の石段を見上げると
高円山《たかまどやま》の夕月、
ふりかえると、
秋の都がありました。

高円山のふもとにあり、境内からのぞむ奈良市街の展望がすばらしい。参道を覆うみごとな萩のほか、境内には天然記念物の「五色椿」があり、東大寺開山堂の「糊こぼし」、伝香寺の「散り椿」とともに、奈良三名椿のひとつ。

Data

■住所：奈良市白毫寺町392　■電話：0742（26）3392　■拝観時間：9時～17時　■拝観料：500円　■交通：近鉄大和西大寺駅からバス「高畑住宅」下車、南東へ徒歩20分　■Map：P109

奈良市

円成寺の萩《えんしょうじのはぎ》

萩が花を落とすと
紅葉が赤く染まる。
秋の境内は絶え間なく
はなやぎます。

紅葉の名所としても知られる、柳生街道随一の名刹。名勝の円成寺庭園は平安期の浄土式庭園で、萩が花を落とし、秋も深まると池泉のまわりは紅葉に染まる。大仏師運慶による国宝の大日如来像もよく知られている。

Data

■住所：奈良市忍辱山町1273　■電話：0742(93)0353　■拝観時間：9時～17時　■拝観料：400円　■交通：JR・近鉄奈良駅からバス「忍辱山」下車すぐ　■Map：P108

11月 | 秋

奈良市

平城宮跡の萩と薄《へいじょうきゅうせきのはぎとすすき》

薄の海に風が吹く。
このはかない景色、
当時の人が見たら
どう感じるだろう。

薄はふるく尾花と呼ばれ、萩と並ぶ秋の風物とされていた。広大な空間に薄の海原が広がり、遠くに東大寺、その向こうに三笠山が見える。秋の夕暮れ、三笠の山に月がのぼる光景はどこかうら悲しく、それがむしろ花の都の跡に似つかわしい。

東院庭園

Data

■住所：奈良市二条大路南4丁目6-1（平城京歴史館）　■電話：0742（35）8201（平城京歴史館）■拝観時間：東院庭園は9時～16時30分（入園は16時まで）　月曜（祝日の場合は翌日）、年末年始休　■交通：近鉄大和西大寺駅より東へ徒歩10分　■Map：P109

広大な敷地の一角に、儀式や宴が催されていた東院庭園（写真左）が復元されている。池泉を中心に萩が配され、当時の宮廷の庭園のすがたがしのばれる。

奈良市

般若寺の紫苑と秋桜《はんにゃじのしおんとこすもす》

薄紫に薄紅、白に紅。
小春日和の昼下がり、
花園となった境内に
さやさやと
金色の風が吹きます。

般若寺は別名コスモス寺と呼ばれる。四十年ほど前のある日、境内にふらりと舞い飛んできた秋桜の種がはじまりという。それが少しずつ増え、今では十万株もの秋桜に境内一面がおおわれる。

Data

■住所：奈良市般若寺町221　■電話：0742 (22) 6287　■拝観時間：9時～17時　■拝観料：500円　■交通：近鉄奈良駅よりバス「般若寺」下車、徒歩3分　■Map：P109

秋桜が満開となる10月の第2週ころの土曜、日曜は17時～19時まで夜間拝観・コスモス花あかりが行われる。（年によって日時が異なるので要確認）

関西花の寺
第十七番
般若寺

斑鳩町

斑鳩の薄と秋桜《いかるがのすすきとこすもす》

子規も同じ景色を見ていたのかも。遠くから鐘の音が聞こえてきそうです。

法隆寺周辺は観光客でにぎわう斑鳩も、一歩離れれば、春は蓮華《れんげ》や菜の花、秋は薄や秋桜が一帯に咲く、うつくしい里山の風景が広がる。秋桜畑は全国各地にあるが、法起寺の塔を背景にすると、秋の風情としてとても絵になる。

Data

■住所：生駒郡斑鳩町法隆寺東
■交通：JR大和小泉駅より徒歩15分　■Map：P110

遠くに見える法起寺の塔が建てられたのは飛鳥時代。高さ24メートルあり、三重塔としては国内最古にして最大。

人皆は萩を秋と言ふよし
我れは
尾花が末を秋とは言はむ
『万葉集』巻一〇

橿原市

藤原宮跡の秋桜《ふじわらきゅせきのこすもす》

ありし日の都を想う。
天の香具山《かぐやま》と朱の柱、
そして、一面の花畑。
後はご想像ください。

遺構を示す朱の柱と天の香具山の背景がなければ、よくある秋桜畑の風景。しかし、ここからはいにしえの都人が見た大和三山を同じように眺めることができる。昔を偲ぶよすがは少ないが、かえってそれが想像力をかきたてる。

Data

■住所：橿原市醍醐町　■電話：0744（21）1115（橿原市綜合政策部観光政策課）　■交通：IR畝傍駅から南東へ徒歩30分　■Map：P111

水仙の湖

歌人　道浦母都子

我が家の水仙は白。花びらは六枚。まだまだ寒い中を、シャキッとした緑の葉を背に、しっかり花を咲かせている。最近は黄水仙や花びらの多い種類も増えているが、私はこの白い水仙が好きだ。簡素だが凛とした気品が備わっているからだ。

ちょうど母の命日が二月九日なので、庭の水仙が満開の時期。水仙が仏花としてふさわしいかどうかは解らないが、母が住んでいた頃からの縁深い花だから、わんさと切って仏前に飾ることにしている。水仙は一本だと、あまり香りを感じないが、束となると、何とも、ゆかしい匂いがする。匂いも上品なのだ。

もう、ずい分以前のことだが、私の短歌の師、近藤芳美先生ご夫妻と共に山の辺の道を歩いたことがある。まだ春浅い季節で、一面、色のある植物や光景は何もなかった。そのとき、先生が「あそこ、あそこを見てごらん」と指をさされた。その先には黄水仙が、かたまって咲いていた。「水仙だ」「黄水仙だ」。私たち一行は、喜びの声を上げた。あまりに突然だったので、あのときの黄水仙は、私の目には、あたたかな小さな湖のように見えた。

冬

積雪こそ少ないものの、
きびしい底冷えが続く奈良の冬。
それだけに春を待つ気持ちも
強かったのでしょう。
雪を梅と見間違って
がっかりした万葉人もいたようです

我が宿の冬木の上に降る雪を
梅の花かとうち見つるかも

宇陀、山里に咲く水仙

奈良市

唐招提寺の椿《とうしょうだいじのつばき》

何度失敗しても、
諦めちゃいけない。
ここに来るといつも
そう思えてくるのです。

聖武天皇の招きに応じた鑑真《がんじん》和上《わじょう》の道のりはとても長かった。渡航を志してから苦節十年。しかし、何度苦難に見舞われても仏教を伝えるのだという情熱は衰えなかった。天平の甍《いらか》からは当時の人々の仏教に対する篤い想いが伝わってくる。

Data

■住所：奈良市五条町13-46　■電話：0742（33）7900　■拝観時間：8時30分～17時　■拝観料：600円　■交通：近鉄西ノ京駅より北へ徒歩10分　■Map：P109

唐招提寺に咲く瓊花（けいか）は鑑真和上の故郷である中国・揚州の花。夏の始めに白い花を咲かせる。境内の白椿が花を落とすと春も近い。

御所市

巨勢寺塔跡の椿《こせでらとうあとのつばき》

巨勢の椿は見飽きない。
万葉人はそういって、
つらつらつらつら
ながめていたのでした。

塔跡部分は国の史跡に指定されており、当時はかなり大規模な寺であったとされる。また『万葉集』に「巨勢山のつらつら椿つらつらに見つつ偲ばな巨勢の春野を」(巻一　坂門人足)と詠われているように、当時から椿の名所でもあった。

Data

■住所：御所市古瀬　■交通：JR・近鉄吉野口駅より北へ徒歩15分　■Map：P111

桜井市

聖林寺の椿

しょうりんじのつばき

しんしんと底冷えする
山寺の冬の日。
思わず花に手をかざし、
暖をとりたくなります。

多武峰のふもとにあり、遠くに三輪山をのぞむ山門からの景色もすばらしい。それだけに冬の寒さはきびしいが、静かな境内で天平彫刻の傑作中の傑作である十一面観音立像をゆっくりと拝見できる。境内の椿も観音像に劣らずうつくしく咲く。

Data

■住所：桜井市下692　■電話：0744（43）0005　■拝観時間：9時～16時30分　■拝観料：400円　■交通：JR・近鉄桜井駅よりバス「聖林寺前」下車すぐ　■Map：P111

桜井市

長谷寺の冬牡丹《はせでらのふゆぼたん》

雪もよいの空のした、
冬牡丹が、
うつくしく並びます。
花の御寺の辞書には、
冬枯れなんて文字は
ありません。

うつくしく咲かせるにはとても手がかかる牡丹。とくに寒牡丹は春に蕾《つぼみ》、夏に葉を取り開花を遅らせ、寒くなると冬牡丹と同様に藁《わら》の霜囲いをして保護しなければならない。

Data

■住所：桜井市初瀬731-1　■電話：0744（47）7001　■拝観時間：9時～16時30分（10月～3月）、8時30分～17時（4月～9月）　■拝観料：500円　■交通：近鉄長谷寺駅より北へ徒歩20分　■Map：P111

12月31日の19時～1月1日の5時、1月2日の19時～3日の8時まで、境内登廊に火が灯される観音万燈会（写真上）が行われる。（入山無料）

葛城市

當麻寺の蠟梅《たいまでらのろうばい》

ちち、ちち、と
ささ鳴くうぐいす。
春本番に向けて
練習しています。
かすかな春の足音も
聞こえてきます。

當麻寺の塔頭《たっちゅう》である西南院には江戸期に造られた池泉回遊式庭園がある。春には石楠花《しゃくなげ》や牡丹、秋には紅葉と四季折々にうつくしい姿を見せるが冬はひっそり。蠟梅は本堂前に咲き、その薫りから遠からぬ春を感じることができる。

Data

■住所：葛城市當麻1263　■電話：0745（48）2202　■拝観時間：境内自由　本堂・金堂・講堂9時～17時　■拝観料：本堂・金堂・講堂共通で500円　各塔頭の庭園拝観300円～500円　■交通：近鉄當麻寺駅より西へ徒歩15分　■Map：P110

宇陀市

大野寺の蠟梅《おおのじのろうばい》

雪になんて負けないぞ。
梅に魅了されるのは、
そうした花の心意気を
感じるかもしれません。

室生寺の末寺で、かつては西門であったという。蠟梅の向こうに屏風ケ浦の磨崖仏が見える。岩に刻まれた光背の中におさまる弥勒菩薩像は約十四メートルもある。境内の奥には宇陀川をはさんで磨崖仏を拝む遥拝所が設けられている。

Data

■住所：宇陀市室生大野1680　■電話：0745(92) 2220　■拝観時間：8時～17時　■拝観料：300円（4月は400円）　■交通：近鉄室生口大野駅より徒歩5分　■Map：P111

奈良市

般若寺の水仙《はんにゃじのすいせん》

仏さまも、
ようやくひと心地。
水仙が薫りました。
もう春が来ています。

境内に数多い石仏の周囲に群生する一万本の水仙。白い花が開くと境内はやさしい薫りに包まれる。近寄って見るとどの仏さまも優しく微笑んでいる。水仙は丁寧に手入れされ、それからも家族的な寺の様子がうかがえる。

Data

■住所：奈良市般若寺町221　■電話：0742(22)6287　■拝観時間：9時～17時　■拝観料：500円　■交通：近鉄奈良駅よりバス「般若寺」下車、徒歩3分　■Map：P109

あをによし寧楽《なら》の京師《みやこ》は咲く花の薫《にほ》ふがごとく今盛《さか》りなり

『万葉集』巻三　小野老

あとがき

花の撮影記

写真家　桑原英文

春夏秋冬、様々な花が咲き、それを題材にしたカレンダーやパンフレットが作られる。その材料を提供するのが写真家の仕事の一部だ。それを見て季節の移り変わりを感じ、また花を訪ねて旅に出る。そんな人々のガイドになるような出版物や本ができると良いと思う。

しかし困った事に花という被写体は厄介で、植え替えをする花壇のように月ごとにすっきりと咲き変わるという事は無い。例えば早春に春の花が咲く事があれば秋に夏の花が残っている事もある。また同じ種類でも木によって、場所によっても咲く時期にずれがある。それは一本の木にも言える事で、眼が届く範囲で運良く咲き揃っている状態に巡り会ったならば余程の幸運だ。花に限らず、ゆっくりとした移り変わりにこだわらずに撮り進める事には躊躇《ちゅうちょ》があり、美しい写真にならずともそんな事を考えながら撮影するのも自分としては仕事の範疇だと考えている。

野にある花は来年もそこにあるとは限らない。紀伊山地のある川べりに岩躑躅《いわつつじ》が咲いていた。撮影はしたが翌年、もう少しうまく撮りたいとわざわざ出かけると水に流されたのか跡も無い。何回も撮った奈良市の東部にある大桜はあるにはあるが枯れたまま立っている。手入れが行き届いた寺の花は幸せな方だが、気候の変化に左右されて当りとはずれの年があるようだ。写真は現地に行かないと仕事や作品にはならない。気まぐれな自然を対象に写真にしようと出かけても雨も降れば風も吹く。晴れ過ぎても曇ってもなかなか思ったようにならないのが面白くもあり、当然でもある。

　春、吉野の山村を訪ねた事があった。渓谷沿いには春の花が咲いている。のんびりとした風景の撮影を終え、帰りは別の道を走った。峠越えのカーブが多い道を進むと細い脇道がある。カーナビも無い時代、なぜそこに入って行ったのか自分でも分からないが、車がすれ違えないような細い道の先には花が咲き乱れていた。梅、山茱萸《さんしゅゆ》、木蓮《もくれん》など、谷全体が花園のような所だ。そんな光景をまるで自分の庭のようにして数軒の家がある。撮った写真を知り合いに見せたら翌年、わざわざ東京から花見にやって来た。親子で風景を撮っている写真家が本に書いていた。「昔、父親に夢のような場所に連れて行ってもらったが、吉野の何処かが分からない」。おそらくその地であろうと思うが私は意地が悪いので教えない。そんな事をしているうちに寿命が来たようで多くの木々が植え替えられて写真にならなくなってしまった。

　写真を撮るという事はいろいろな目に遭うという事だ。頭の中では出来上がっている花の作品も実際の写真にするのは難しい。すんなりと行かない事こそ面白きかな、である。

花別掲載一覧

春

花	開花時期	寺社等場所	市町村	掲載頁
馬酔木《あしび》	2月〜4月	春日大社《かすがたいしゃ》	奈良市	8
梅《うめ》	2月上旬〜3月中旬	片岡梅林《かたおかばいりん》	奈良市	6
		春日大社《かすがたいしゃ》	奈良市	9
		山の辺の道《やまのべのみち》	天理市	10
		広橋梅林《ひろはしばいりん》	下市町	12
山茱萸《さんしゅゆ》	2月〜4月	法華寺《ほっけじ》	奈良市	14
連翹《れんぎょう》	3月中旬〜4月中旬	不退寺《ふたいじ》	奈良市	15
桜《さくら》	3月下旬〜4月上旬	東大寺《とうだいじ》	奈良市	16
		法華寺《ほっけじ》	奈良市	18
		郡山城跡《こおりやまじょうせき》	大和郡山市	19
		長谷寺《はせでら》	桜井市	20
		又兵衛桜《またべえざくら》	宇陀市	22
		吉野《よしの》	吉野町	24
桃《もも》	3月上旬〜4月上旬	石舞台《いしぶたい》	明日香村	28
姫辛夷《ひめこぶし》	3月〜4月	稲渕《いなぶち》	明日香村	29
雪柳《ゆきやなぎ》	3月〜4月	法華寺《ほっけじ》	奈良市	30
		海龍王寺《かいりゅうおうじ》	奈良市	31
三葉躑躅《みつばつつじ》	4月〜5月	正暦寺《しょうりゃくじ》	奈良市	32
山吹《やまぶき》	4月	長谷寺《はせでら》	桜井市	33
藤《ふじ》	4月中旬〜5月上旬	春日大社《かすがたいしゃ》	奈良市	34
		興福寺《こうふくじ》	奈良市	36
		飛鳥川《あすかがわ》	明日香村	37

紫蘭《しらん》	3月～5月	元興寺《がんごうじ》	奈良市	38
波斯菊《はるしゃぎく》	5月～7月	元興寺《がんごうじ》	奈良市	39

夏

杜若《かきつばた》	5月上旬～中旬	法華寺《ほっけじ》	奈良市	42
		磐之媛命陵《いわのひめのみことのみささぎ》	奈良市	43
		十輪院《じゅうりんいん》	奈良市	44
		不退寺《ふたいじ》	奈良市	45
		長岳寺《ちょうがくじ》	天理市	50
菖蒲《しょうぶ》	6月上旬～中旬	柳生花しょうぶ園《やぎゅうはなしょうぶえん》	奈良市	46
		般若寺《はんにゃじ》	奈良市	48
		大和民俗公園《やまとみんぞくこうえん》	大和郡山市	49
躑躅《つつじ》	4月中旬～5月中旬	長岳寺《ちょうがくじ》	天理市	50
大手毬《おおでまり》	5月～6月	船宿寺《せんしゅくじ》	御所市	52
		稲渕《いなぶち》	明日香村	53
牡丹《ぼたん》	4月中旬～5月上旬	長谷寺《はせでら》	桜井市	54
紫陽花《あじさい》	6月上旬～7月上旬	久米寺《くめでら》	橿原市	56
石楠花《しゃくなげ》	4月下旬～5月中旬	室生寺《むろうじ》	宇陀市	58
蓮《はす》	6月下旬～8月上旬	喜光寺《きこうじ》	奈良市	60
		本薬師寺跡《もとやくしじあと》	橿原市	62
布袋葵《ほていあおい》	8月中旬～9月下旬	本薬師寺跡《もとやくしじあと》	橿原市	63
芙蓉《ふよう》	7月～9月	橘寺《たちばなでら》	明日香村	64
槿《むくげ》	5月～7月	當麻寺《たいまでら》	葛城市	66

夏	百日紅《さるすべり》	7月～10月	當麻寺《たいまでら》	葛城市	67
			浮見堂《うきみどう》	奈良市	68
			旧大乗院庭園《きゅうだいじょういんていえん》	奈良市	69
秋	萩《はぎ》	6月～9月	秋篠寺《あきしのでら》	奈良市	72
			薬師寺《やくしじ》	奈良市	73
			元興寺《がんごうじ》	奈良市	74
			白毫寺《びゃくごうじ》	奈良市	76
			円成寺《えんじょうじ》	奈良市	77
			平城宮跡《へいじょうきゅうせき》	奈良市	79
	桔梗《ききょう》	6月～8月	元興寺《がんごうじ》	奈良市	74
	薄《すすき》	9月～11月	平城宮跡《へいじょうきゅうせき》	奈良市	78
	紫苑《しおん》	9月～10月	般若寺《はんにゃじ》	奈良市	80
	秋桜《こすもす》	9月中旬～10月下旬	般若寺《はんにゃじ》	奈良市	81
			斑鳩《いかるが》	斑鳩町	82
			藤原宮跡《ふじわらきゅうせき》	橿原市	84
冬	椿《つばき》	11月～4月	唐招提寺《とうしょうだいじ》	奈良市	88
			巨勢寺塔跡《こせでらとうあと》	御所市	90
			聖林寺《しょうりんじ》	桜井市	91
	冬牡丹《ふゆぼたん》	12月下旬～1月下旬	長谷寺《はせでら》	桜井市	92
	蠟梅《ろうばい》	1月上旬～3月	當麻寺《たいまでら》	葛城市	94
			大野寺《おおのじ》	宇陀市	95
	水仙《すいせん》	12月中旬～3月	般若寺《はんにゃじ》	奈良市	96

市町村・社寺別掲載一覧

市町村	寺社等名称	花	撮影時期	掲載頁
奈良市	秋篠寺《あきしのでら》	萩《はぎ》	9月下旬	72
	磐之媛命陵《いわのひめのみことのみささぎ》	杜若《かきつばた》	5月中旬	43
	浮見堂《うきみどう》	百日紅《さるすべり》	9月上旬	68
	円成寺《えんじょうじ》	萩《はぎ》	9月上旬	77
	海龍王寺《かいりゅうおうじ》	雪柳《ゆきやなぎ》	4月上旬	31
	春日大社《かすがたいしゃ》	馬酔木《あしび》	4月上旬	8
		梅《うめ》	3月中旬	9
		藤《ふじ》	4月下旬	34
	片岡梅林《かたおかばいりん》	梅《うめ》	3月下旬	6
	元興寺《がんごうじ》	紫蘭《しらん》	5月下旬	38
		波斯菊《はるしゃぎく》	6月中旬	39
		桔梗《ききょう》	9月上旬	74
		萩《はぎ》	9月下旬	75
	喜光寺《きこうじ》	蓮《はす》	7月下旬	60
	旧大乗院庭園《きゅうだいじょういんていえん》	百日紅《さるすべり》	8月上旬	69
	興福寺《こうふくじ》	藤《ふじ》	4月下旬	36
	十輪院《じゅうりんいん》	杜若《かきつばた》	5月上旬	44
	正暦寺《しょうりゃくじ》	三葉躑躅《みつばつつじ》	4月上旬	32
	唐招提寺《とうしょうだいじ》	椿《つばき》	12月上旬	88
	東大寺《とうだいじ》	桜《さくら》	4月上旬	16

奈良市	般若寺《はんにゃじ》	アイリス	4月下旬	48
		紫苑《しおん》	9月下旬	80
		秋桜《こすもす》	10月下旬	81
		水仙《すいせん》	12月下旬	96
	白毫寺《びゃくごうじ》	萩《はぎ》	9月下旬	76
	不退寺《ふたいじ》	連翹《れんぎょう》	4月上旬	15
		黄菖蒲《きしょうぶ》	5月中旬	45
	平城宮跡《へいじょうきゅうせき》	薄《すすき》	11月中旬	78
		萩《はぎ》	9月上旬	79
	法華寺《ほっけじ》	山茱萸《さんしゅゆ》	3月上旬	14
		枝垂桜《しだれさくら》	4月上旬	18
		雪柳《ゆきやなぎ》	4月上旬	30
		杜若《かきつばた》	5月下旬	42
	柳生花しょうぶ園《やぎゅうはなしょうぶえん》	菖蒲《しょうぶ》	6月下旬	46
	薬師寺《やくしじ》	萩《はぎ》	9月中旬	73
大和郡山市	郡山城跡《こおりやまじょうせき》	桜《さくら》	4月上旬	19
	大和民俗公園《やまとみんぞくこうえん》	菖蒲《しょうぶ》	6月中旬	49
斑鳩町	斑鳩《いかるが》	薄《すすき》	10月上旬	82
		秋桜《こすもす》	10月中旬	83
天理市	長岳寺《ちょうがくじ》	杜若《かきつばた》	5月中旬	50
		躑躅《つつじ》	5月中旬	50
	山の辺の道《やまのべのみち》	梅《うめ》	3月下旬	10

橿原市	久米寺《くめでら》	紫陽花《あじさい》	6月下旬	56
	藤原宮跡《ふじわらきゅうせき》	秋桜《こすもす》	10月下旬	84
	本薬師寺跡《もとやくしじあと》	蓮《はす》	8月上旬	62
		布袋葵《ほていあおい》	9月中旬	63
桜井市	聖林寺《しょうりんじ》	椿《つばき》	4月上旬	91
		桜《さくら》	4月上旬	20
	長谷寺《はせでら》	山吹《やまぶき》	5月上旬	33
		牡丹《ぼたん》	5月上旬	54
		冬牡丹《ふゆぼたん》	2月下旬	92
宇陀市	大野寺《おおのじ》	蠟梅《ろうばい》	2月上旬	95
	又兵衛桜《またべえざくら》	桜《さくら》	4月上旬	22
	室生寺《むろうじ》	石楠花《しゃくなげ》	5月上旬	58
葛城市	當麻寺《たいまでら》	槿《むくげ》	9月上旬	67
		百日紅《さるすべり》	9月上旬	66
		蠟梅《ろうばい》	2月中旬	94
御所市	巨勢寺塔跡《こせでらとうあと》	椿《つばき》	4月上旬	90
	船宿寺《せんしゅくじ》	大手毬《おおでまり》	5月中旬	51
明日香村	飛鳥川《あすかがわ》	藤《ふじ》	5月上旬	37
	稲渕《いなぶち》	姫辛夷《ひめこぶし》	3月下旬	29
		大手毬《おおでまり》	5月中旬	53
	石舞台《いしぶたい》	桃《もも》	3月下旬	28
	橘寺《たちばなでら》	芙蓉《ふよう》	10月中旬	64
吉野町	吉野《よしの》	桜《さくら》	4月中旬	24
下市町	広橋梅林《ひろはしばいりん》	梅《うめ》	3月下旬	12

桜と紅葉の名所

本書でご紹介している社寺のなかには桜や紅葉の名所として知られているところもたくさんあります。奈良を愉しむシリーズの既刊『奈良 大和路の桜』、『奈良 大和路の紅葉』でもご紹介している名所の一覧です。花めぐりとあわせてどうぞ。

桜

		掲載頁
奈良市	浮見堂《うきみどう》	68
	春日大社《かすがたいしゃ》	8
	元興寺《がんごうじ》	38
	東大寺《とうだいじ》	16
	般若寺《はんにゃじ》	48
	法華寺《ほっけじ》	14
大和郡山市	郡山城跡《こおりやまじょうせき》	19
橿原市	聖林寺《しょうりんじ》	91
桜井市	長谷寺《はせでら》	20
宇陀市	大野寺《おおのじ》	95
	又兵衛桜《またべえざくら》	22
葛城市	當麻寺《たいまでら》	67
明日香村	明日香村《あすかむら》	29
	橘寺《たちばなでら》	64
吉野町	吉野《よしの》	24

紅葉

		掲載頁
奈良市	浮見堂《うきみどう》	68
	円成寺《えんじょうじ》	77
	春日大社《かすがたいしゃ》	8
	元興寺《がんごうじ》	38
	興福寺《こうふくじ》	36
	正暦寺《しょうりゃくじ》	32
	唐招提寺《とうしょうだいじ》	88
	東大寺《とうだいじ》	16
桜井市	長谷寺《はせでら》	20
宇陀市	大野寺《おおのじ》	95
	室生寺《むろうじ》	58
葛城市	當麻寺《たいまでら》	67
明日香村	明日香村《あすかむら》	29
	石舞台《いしぶたい》	28
吉野町	吉野《よしの》	24

奈良の世界遺産（カッコ内は本書掲載頁）

■古都奈良の文化財

東大寺（16頁）
興福寺（36頁）
春日大社（8・34頁）
元興寺（38・74頁）
薬師寺（73頁）
唐招提寺（88頁）
平城宮跡（78頁）
春日山原始林

■法隆寺地域の仏教建造物

法隆寺
法起寺（82頁）

■紀伊山地の霊場と参詣道

吉野山（24頁）
吉野水分神社
金峯神社
金峯山寺
吉水神社
大峯山寺

奈良県内の国指定の名勝（カッコ内は本書掲載頁）

平城京左京三条二坊宮跡庭園
平城京東院庭園（78頁）
飛鳥京跡苑池
依水園
円成寺庭園（77頁）
旧大乗院庭園（69頁）
慈光院庭園
當麻寺中之坊庭園（94頁）
月ヶ瀬梅林
奈良公園（6頁）
法華寺庭園（42頁）
大和三山
吉野山（24頁）

エリア別 Map

Map I
奈良市

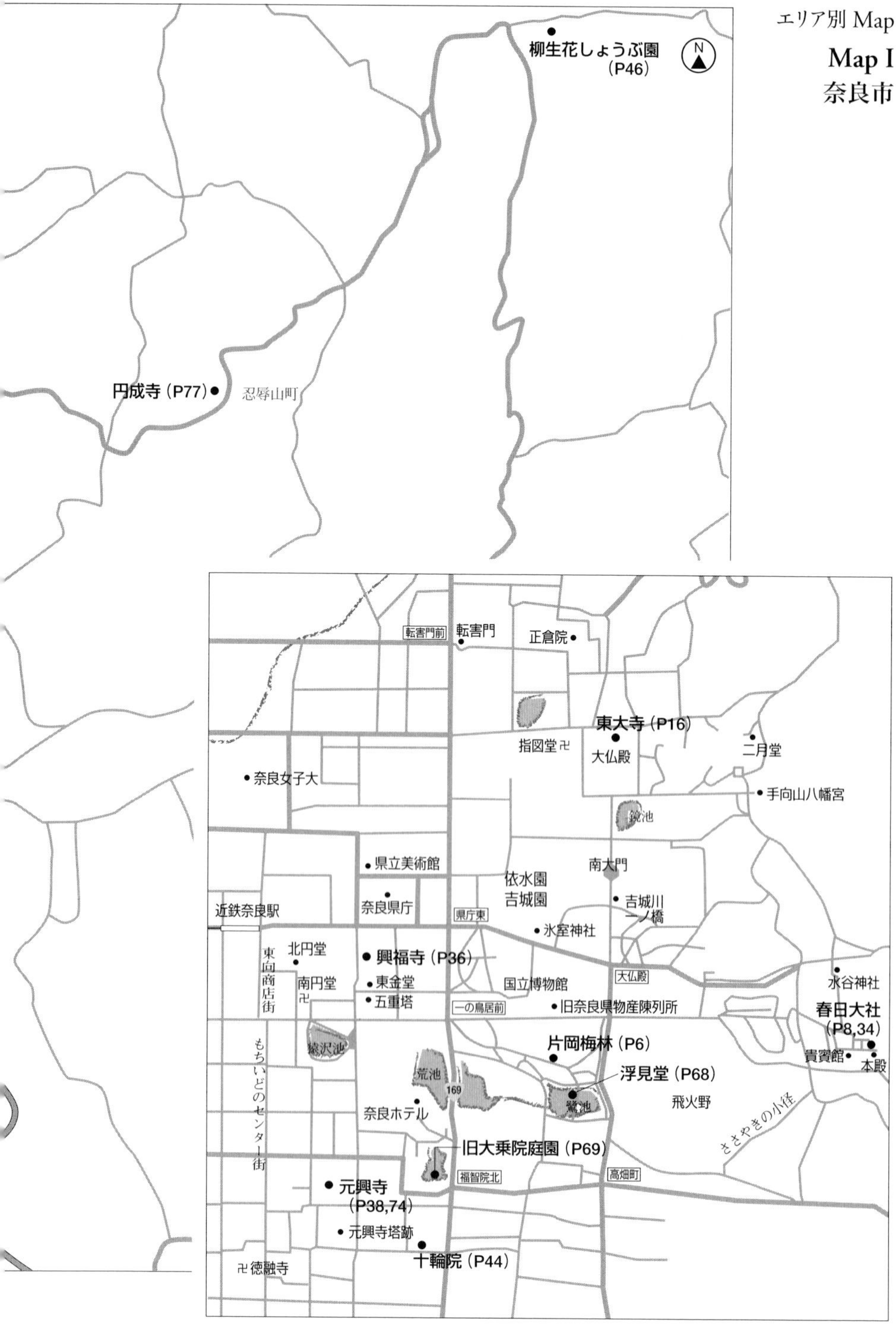
N
柳生花しょうぶ園
(P46)
円成寺 (P77)
忍辱山町
転害門前
転害門
正倉院
東大寺 (P16)
指図堂
大仏殿
二月堂
奈良女子大
手向山八幡宮
鏡池
県立美術館
南大門
依水園
吉城園
奈良県庁
吉城川
一ノ橋
近鉄奈良駅
県庁東
氷室神社
東向商店街
北円堂
興福寺 (P36)
水谷神社
大仏殿
南円堂
東金堂
国立博物館
五重塔
一の鳥居前
旧奈良県物産陳列所
春日大社
(P8,34)
猿沢池
片岡梅林 (P6)
貴賓館
本殿
もちいどのセンター街
荒池
浮見堂 (P68)
169
鷺池
飛火野
奈良ホテル
ささやきの小径
旧大乗院庭園 (P69)
福智院北
高畑町
元興寺
(P38,74)
元興寺塔跡
十輪院 (P44)
徳融寺

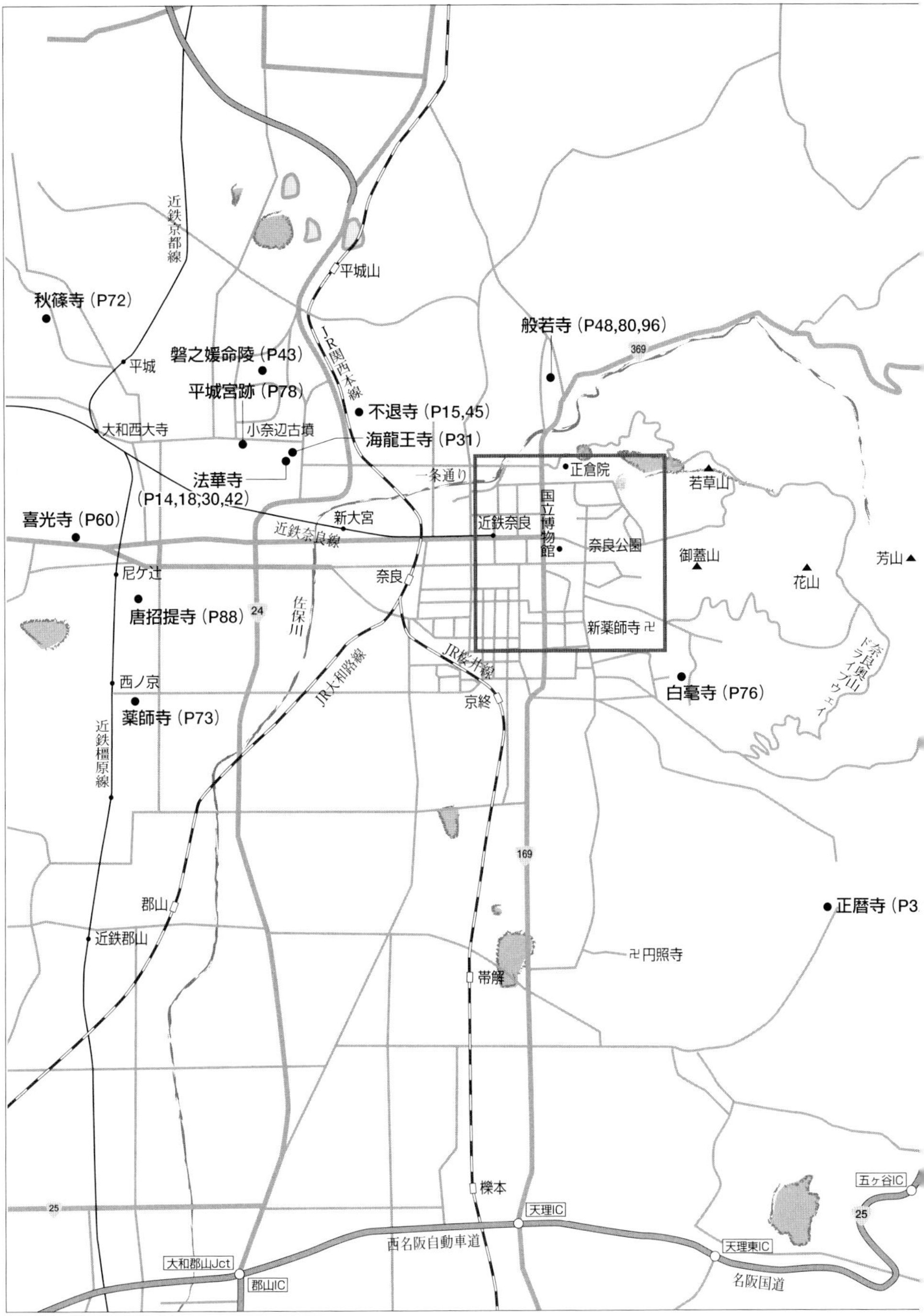

秋篠寺（P72）
磐之媛命陵（P43）
平城宮跡（P78）
不退寺（P15,45）
海龍王寺（P31）
法華寺
（P14,18,30,42）
喜光寺（P60）
唐招提寺（P88）
薬師寺（P73）
般若寺（P48,80,96）
白毫寺（P76）
正暦寺（P3
近鉄京都線
平城
大和西大寺
小奈辺古墳
平城山
JR関西本線
一条通り
新大宮
近鉄奈良線
近鉄奈良
国立博物館
正倉院
若草山
奈良公園
御蓋山
花山
芳山
奈良
佐保川
尼ケ辻
24
新薬師寺
JR大和路線
JR桜井線
京終
西ノ京
近鉄橿原線
奈良奥山ドライブウェイ
369
169
郡山
近鉄郡山
円照寺
帯解
櫟本
25
天理IC
西名阪自動車道
天理東IC
五ヶ谷IC
大和郡山Jct
郡山IC
名阪国道

凡例　高速道路・自動車用専用道路　国道 168　県道　私鉄　JR　川　県境

Map Ⅱ　奈良県西部～南部

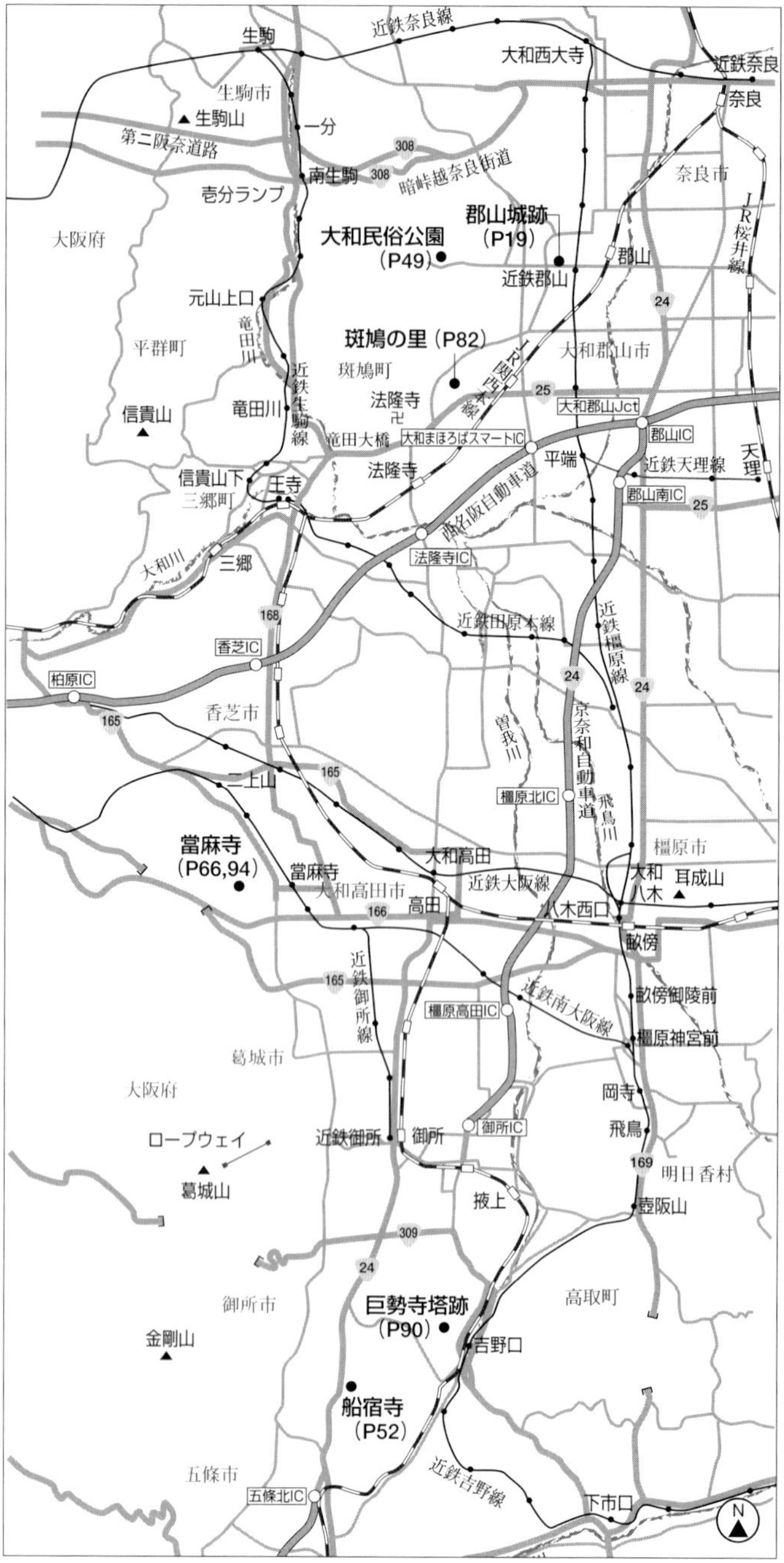

凡例　高速道路・自動車用専用道路　国道 168　県道　私鉄　JR　川　県境

Map Ⅲ　奈良県東部〜南部

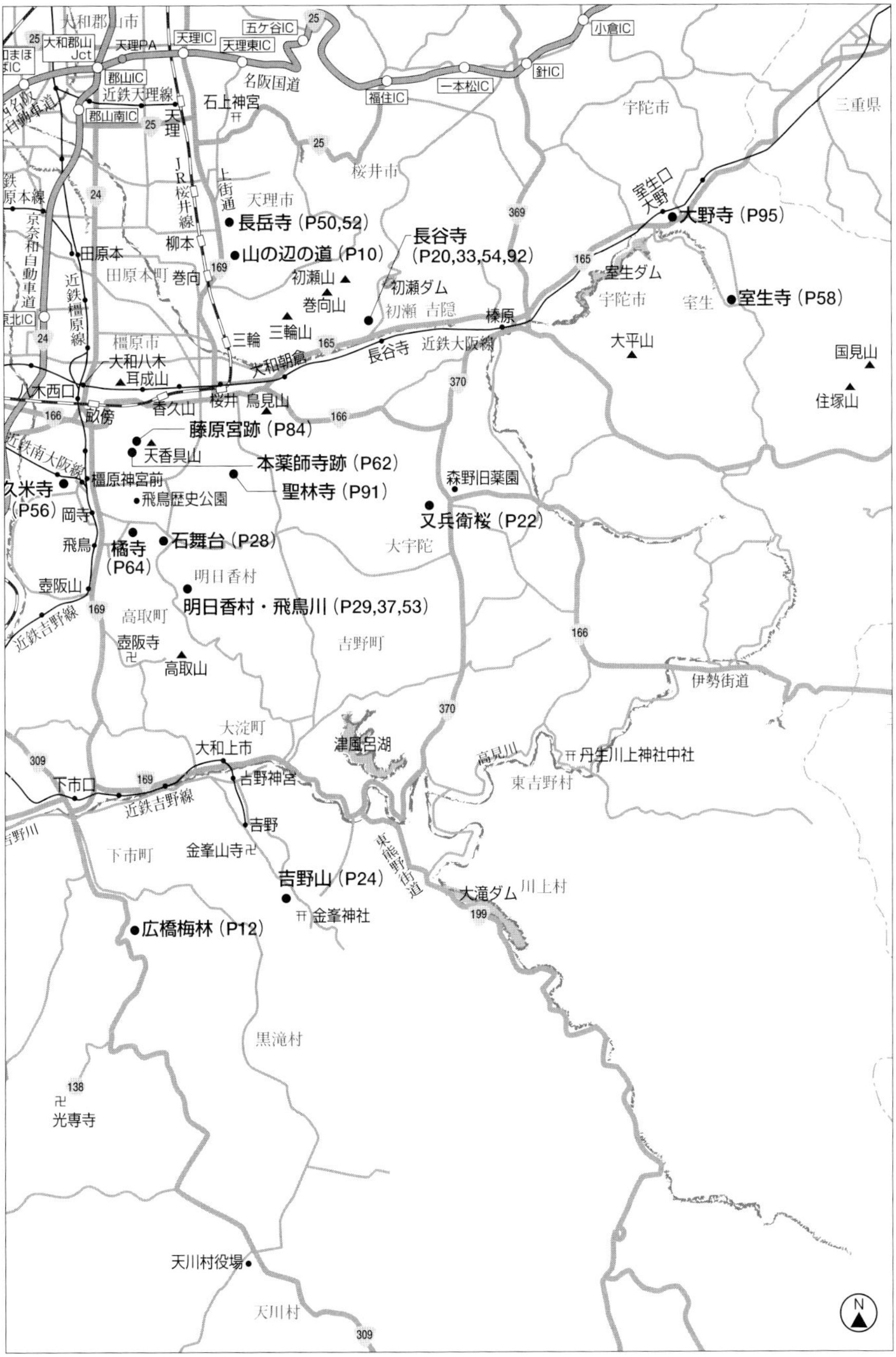

凡例　高速道路・自動車用専用道路　国道　県道　私鉄　JR　川　県境

道浦母都子［みちうら・もとこ］

一九四七年、和歌山県生まれ。歌人。一九七二年、早稲田大学文学部卒業。大学在学中、短歌結社「未来」に入会し、近藤芳美に師事。一九八〇年、全共闘運動にかかわった学生時代を詠った歌集『無援の抒情』（新装版・二〇一五年・ながらみ書房）で第二十五回現代歌人協会賞受賞。歌集に『はやぶさ』（二〇一三年・砂子屋書房）、『花やすらい』（二〇〇八年・角川学芸出版）、『青みぞれ』（一九九九年・短歌研究社）など、小説に『光の河』（二〇一四年・潮出版社）、『花降り』（二〇〇七年・講談社）、エッセイ集・評論に『たましいを運ぶ船』（二〇一〇年・岩波書房）、『歌日記 花眼の記』（二〇〇四年・本阿弥書店）、『百年の恋』（二〇〇三年・小学館）など、著作多数。

桑原英文［くわばら・えいぶん］

一九五三年、山梨県生まれ。写真家。七四年より写真家の入江泰吉に師事。八三年に独立し、ライフワークとして奈良を中心とした風景、仏像、民俗、建築、歴史的景観などの撮影を続ける。日本写真家協会会員。著書に『万葉散策』（共著・新潮社）、『新版古寺巡礼奈良6 室生寺』、『奈良 大和路の紅葉』、『奈良 大和路の桜』（共に共著・淡交社）などがある。

奈良を愉しむ
奈良 四季の花めぐり

平成二十八年三月三十日　初版発行

文　道浦母都子
写真・案内　桑原英文
発行者　納屋嘉人
発行所　株式会社 淡交社
本社 〒六〇三－八五八八 京都市北区堀川通鞍馬口上ル
営業 （〇七五）四三二－五一五一
編集 （〇七五）四三二－五一六一
支社 〒一六二－〇〇六一 東京都新宿区市谷柳町三九－一
営業 （〇三）五二六九－七九四一
編集 （〇三）五二六九－一六九一
http://www.tankosha.co.jp

印刷製本　図書印刷株式会社

ISBN978-4-473-04081-7